BISMARK DÉVOILÉ

LA POLITIQUE DE LA FRANCE

ET DE L'EUROPE

PARIS. — TYPOGRAPHIE DE CH. MEYRUEIS
13, RUE CUJAS. — 1872.

BISMARK DÉVOILÉ

CONSEILS POLITIQUES

DU DOCTEUR SERVUS DE BERLIN

A L'EMPEREUR D'ALLEMAGNE

EUROPE ET PRUSSE

RÉPONSE AU DOCTEUR SERVUS

A PROPOS DE

L'ENTREVUE DES TROIS EMPEREURS

PARIS

LÉON WILLEM, ÉDITEUR

7, RUE PERRONET, 7

1872

CONSEILS POLITIQUES

A

S. M. L'EMPEREUR D'ALLEMAGNE

Sire,

Depuis 1789, l'Europe se tord dans les plus terribles convulsions, et de quelque côté que l'on porte ses regards, on voit son mauvais génie la pousser à toutes les inconséquences et à tous les délires. Elle souffre, elle est inquiète, elle est dévoyée et entraînée à sa perte par les charlatans politiques dont les vaines promesses ne peuvent avoir de réalisation. Par leur influence néfaste, on a vu les trônes s'écrouler, les constitutions violées, la civilisation menacée de péril et le principe d'autorité foulé aux pieds.

Désormais, Sire, c'est à vous, c'est à l'Allemagne triomphante, placée sous votre direction, qu'incombe la mission providentielle de sauver l'Europe, en abattant la Russie et en rendant l'orgueilleuse Angleterre à jamais impuissante.

L'Europe politique met tout son espoir dans la Russie, et là est le danger actuel qui menace l'Allemagne. Vous devez prévenir vos ennemis, les empêcher de tramer votre perte et de nouer contre vous une coalition redoutable. L'état actuel d'effacement, d'affaiblissement et, j'oserais dire, d'effarement de l'Europe, vous permet d'entreprendre avec toute chance de succès une campagne contre la Russie. Chaque jour accroît la force de vos ennemis et, ce serait leur faire la partie trop belle, que de leur laisser le temps de se préparer et surtout de se reconnaître.

Une fois encore, vous allez étonner le monde par la rapidité de vos victoires. La défaite de la Russie délivrera du même coup nos frères de la Baltique et de l'Autriche qui tendent vers vous des bras suppliants et mettra à vos pieds l'Europe affolée de terreur. Déjà votre diplomatie et votre presse ont commencé l'attaque.

L'heure présente est propice à votre dessein. L'état-major de votre police, répandu dans les trente-huit gouvernements de la Russie, y sème partout le désordre et est en train de frayer la route à vos armées dans le même moment où M. de Moltke élabore sous vos yeux le plan de votre future campagne.

De tous côtés, sur tous les points de ce vaste empire, ce sont des sociétés secrètes qui s'organisent et des conspirations qui s'ourdissent, dont vous tenez dans les mains les fils secrets. La discorde, comme un poison lent, affaiblit et paralyse ce grand corps d'où se retirent la séve et la vie. Çà et là des sectes insensées propagent le fanatisme et, au culte national, qui disparaît, succèdent des superstitions plus insensées encore qui lui en tiennent lieu. L'abrutissement, qui va grandissant au sein de sa plèbe grossière, vient mettre le comble à sa décomposition morale à laquelle s'ajoute la lutte stérile des Slavophiles représentés par le vieux parti russe.

La liberté, qui, sagement pondérée par le pouvoir et les lois, est un bienfait pour l'Allemagne, produit en Russie un résultat tout opposé. Les nobles murmurent, la populace est poussée aux convoitises les plus dangereuses, le mécontentement est général. La Russie en est arrivée à un tel point de décomposition, que sans votre intervention, elle ne tarderait pas à devenir la proie de la Révolution. Double péril, et pour les trônes et pour la civilisation, qu'il faut à tout prix conjurer!

La classe des marchands âpre au gain, avide de luxe et de plaisirs, perd de plus en plus de son patriotisme et de son dévouement au czar, pour qui elle avait autrefois un culte de vénération et de respect.

Les petits nobles, ruinés par l'émancipation des serfs, sont aigris et mécontents. Vos agents, l'or aidant, recrutent en foule parmi eux d'aveugles et inconscients auxiliaires.

La haute société russe sous un vernis,

qui, en apparence, fait illusion, cache une corruption sans limites. Efféminée dans ses mœurs, dans ses goûts et dans ses habitudes, elle néglige le métier des armes, déserte les administrations, se désintéresse des études sérieuses, voire même de la chose publique.

Si l'empire russe fait encore illusion à l'Europe qui ne le connaît que superficiellement, c'est à la vitalité, c'est à l'énergie indomptable de notre race qu'il en est redevable. Ce sont les provinces de la Baltique qui fournissent à l'empire russe presque tous ses officiers des armes savantes, ses ingénieurs, toute l'élite de ses hommes intelligents. La remarque est significative et prouve, là encore, la supériorité de la race allemande. Aussi, quoi d'étonnant que ces frères, Allemands par le cœur, par les goûts et par l'élévation du sentiment, antipathiques à la civilisation et aux mœurs de ces demi-barbares, attendent avec impatience le jour de la délivrance?

La France de Napoléon III ne vous offrait pas un terrain aussi bien préparé pour le triomphe de vos armes que la Russie dans son état actuel. Ce colosse aux pieds d'argile est incapable de vous opposer une résistance sérieuse.

Déjà votre fidèle et vaillante Allemagne a eu le temps de respirer et de panser les blessures que lui a faites la dernière guerre, et vos coffres se remplissent de l'or de la conquête.

La France, qui n'a pas cessé, même après sa défaite, d'être la nation la plus vaine et la plus orgueilleuse de la terre, a hâte de se débarrasser de vos soldats. L'occupation pèse sur elle plus encore moralement que matériellement. Elle est sa honte et son cauchemar. Il n'est point de sacrifices que vous ne puissiez obtenir de ce pays en devançant le terme de l'évacuation de son territoire occupé par votre armée. Toutes les difficultés à vaincre pour arriver à ce résultat sont d'avance aplanies. Assez riche pour payer sa défaite, la France trouvera dans l'évacuation anticipée de son territoire un sujet de joie universelle. Vous, Sire, vous y gagnerez une garantie contre une attaque possible de ce côté de vos frontières, un corps d'armée nombreux et aguerri appelé à vous rendre d'utiles services dans votre nouvelle campagne. L'argent, dont vous priverez du même coup vos ennemis pour en faire votre profit, les mettra hors d'état de vous nuire.

Libre du côté de la France minée et en

proie à des divisions intestines suscitées par les partis qui s'y disputent le pouvoir plutôt par ambition et par intérêt que par patriotisme, libre du côté de l'Angleterre qui se désintéresse politiquement et philosophiquement des questions du continent, libre enfin du côté de l'Autriche solidement garrottée et habilement inféodée à votre politique, vos forces resteront entières contre la Russie.

La guerre, vous le savez, Sire, source de haines aveugles entre les peuples, n'est pour les souverains qu'un accident politique. Ni les services rendus ni les liens d'amitié ou de famille qui vous lient au czar ne peuvent vous faire hésiter. La politique prime le cœur. Du reste, vous ne devez pas perdre de vue que vous rendrez un service personnel à Sa Majesté l'empereur de Russie en lui faisant la guerre, et qu'il s'y rattache un intérêt de solidarité entre les souverains de l'Europe.

La Russie ne possédant pas comme la plupart des pays de l'Europe un élément conservateur capable de paralyser les tentatives de la Révolution, les régicides et les démagogues ne tarderaient pas à y devenir les maîtres et à fournir au cosmopolitisme révolutionnaire son plus solide point d'appui, si vous n'y mettiez bon ordre.

Lorsque la France aura effectué le payement du troisième milliard de son indemnité de guerre, ce sera l'heure de songer sérieusement à la Russie. Tandis qu'au delà du Rhin, les orateurs politiques et les journalistes exciteront par des discours et des articles dithyrambiques l'allégresse de la nation délivrée du joug de ses conquérants, un nouveau point noir surgira subitement à l'horizon politique. Bientôt votre querelle avec la Russie s'envenimera à tel point, que son gouvernement, qui a ses raisons pour résister à la pression de l'opinion publique, sera obligé de vous déclarer la guerre pour ne pas courir le péril d'être accusé de trahir lâchement la patrie et de sacrifier ses intérêts et son honneur à l'ambition germanique. Vos armées qui n'attendront qu'un signal, envahiront la Russie quelques jours après qu'une déclaration de guerre vous aura été notifiée par le cabinet de Saint-Pétersbourg.

Votre duel avec la Russie jettera l'opinion publique de l'Europe dans un complet égarement. Les hommes d'Etat eux-mêmes en perdront la tête. La presse européenne, qui, en partie, recevra ses inspirations de votre cabinet, prêtera à la Russie des millions de soldats. Elle les représentera écrasant l'Allemagne et se répandant de là sur l'Europe comme un torrent dévastateur. A peine se rencontrera-t-il dans ce concert intéressé quelques contradicteurs sérieux qui signaleront la fausseté de ces allégations. Aussi la presse allemande aura beau jeu pour vouer à l'exécration du monde l'ambition moscovite s'attaquant au rempart le plus solide de l'Europe pour réaliser les rêves ambitieux du testament de Pierre le Grand. Grâce à ces agissements secrets, l'égoïsme et la peur demeureront, une fois encore, vos plus solides alliés.

Les hommes de génie savent tirer parti de tout, même de la bêtise humaine, quand leur intérêt commande. La voix autorisée d'un Thiers s'élèvera peut-être courageusement au sein de quelque parlement pour protester et dévoiler la vérité au monde, mais elle sera étouffée et tombera dans le discrédit.

A ce moment, votre armée, grâce à son organisation, à sa solidité, à son élan, à sa confiance en ses chefs et en elle-même, sera capable de battre non-seulement l'armée russe, mais toutes les forces réunies de l'Europe. Aussi, comme autrefois César, bientôt vous pourrez écrire en parlant de la Russie : « *veni, vidi, vici.* »

En prévision d'une victoire prochaine sur la Russie, qui ne fait pas doute dans mon esprit, permettez-moi, Sire, d'anticiper sur les événements et de jeter un regard sur l'avenir que vous réservez à l'Europe, enjeu de la lutte.

Votre Majesté, après avoir atteint le

double but qu'elle poursuit, la prééminence de la Prusse sur l'Europe et l'anéantissement du parti révolutionnaire, s'appliquera à parachever l'œuvre des Césars, de Charlemagne et des Hapsbourg, qui n'a jamais été qu'ébauchée.

Votre victoire sur la Russie étant complète et son armée prisonnière de guerre, vous traiterez de la paix avec le czar, après des pourparlers de courte durée. Les clauses du traité porteront l'empreinte de la sagesse politique du conquérant qui les aura dictées et se résumeront en deux points principaux : le démembrement de la Turquie, la Roumélie et Constantinople déclaré port franc, aux Russes : la cession des provinces russes de la Baltique, à l'Allemagne. En vain tous les croyants d'Europe, d'Asie et d'Afrique viendront-ils se ranger sous les étendards du sultan de Stamboul aidé des subsides de l'Angleterre, la victoire restera aux gros bataillons et à la science ; l'anéantissement du Turc sera complet et le malade tué. Les clameurs de l'Angleterre atteinte dans ses sources de vitalité ne trouveront pas d'échos en Europe, elle recueillera les fruits de sa politique. La ruine de la Turquie sera le prélude de sa propre ruine !

Toutefois, confinée dans son île inexpugnable, elle ne perdra pas courage et répondra fièrement à votre déclaration de guerre par de formidables armements. Bien que l'Angleterre en adoptant pour base de sa politique l'intérêt, ait perdu en virilité de caractère, en moralité et en considération ce qu'elle a perdu par suite en influence comme grande puissance européenne, elle se montrera encore redoutable. Si ses grands hommes d'Etat d'autrefois, sa gloire et son honneur, n'avaient pas disparu et légué l'autorité de leur pouvoir, sinon de leurs talents à une oligarchie dégénérée qui, le plus souvent, n'a d'autres titres au gouvernement de la nation que l'hérédité de la naissance et de la fortune, qui sait si votre lutte avec l'Angleterre ne vous serait pas aussi fatale qu'elle l'a été au premier Napoléon. Mais fort heureusement pour votre gloire et pour l'avenir de l'Europe les temps sont changés. A la place d'hommes de haute valeur, il ne lui reste que des nains politiques qui, pour conserver le pouvoir prêt à échapper de leurs mains débiles, ne savent plus que flatter le populaire, à tel point que l'Angleterre est devenue le refuge de tous les aventuriers politiques du globe.

La conclusion de traités avec la Suède, la Norwége, la Hollande, la Belgique, la Suisse, qui feront entrer ces Etats dans la confédération de l'Allemagne, vous assurera avec l'appoint de la flotte russe l'omnipotence sur terre et sur mer, depuis Anvers jusqu'à l'océan Arctique, et paralyseront toute velléité d'ingérence de la part de la France.

Après votre victoire sur la Russie corroborée par la destruction de la Turquie, l'Autriche cédera à l'amiable ses provinces allemandes et entrera en formation d'un empire magyare confédéré avec les provinces roumaines, la Servie et le Montenegro. La France, toujours agitée par les partis, sera de plus en plus incapable de venir en aide à l'Angleterre. Quant à l'Italie et à l'Espagne, elles s'en tiendront forcément à une politique expectante. L'Europe éprouvera un moment d'indicible angoisse lorsqu'à l'issue d'un duel à mort avec l'Allemagne, l'immense empire britannique sera réduit à n'être plus « qu'une expression géographique. »

Le rêve des czars et de la nation russe depuis Pierre le Grand, la possession de Constantinople, au lendemain du plus grand désastre que la Russie ait jamais subi, vaudra à votre neveu Alexandre une grande réputation d'habileté politique. Votre magnanimité, votre désintéressement, votre puissance et votre constante fortune feront de la Russie un nouveau satellite de l'Allemagne.

L'Autriche, toujours saignante de ses blessures et ressemblant à un vieux monument lézardé, éprouvera plus que jamais le besoin de votre appui pour ne pas s'écrouler. Vienne deviendra ville d'empire. Vos organes politiques ayant préparé de longue main les provinces de langue allemande de l'Autriche à leur annexion à l'empire allemand, c'est avec un bonheur sans mélange qu'elles rentreront dans le giron de la mère patrie. Confédéré avec la Moldavie, la Valachie, la Servie et le Montenegro, le nouvel empire autrichien établi à Pesth n'aspirera qu'à se développer dans le calme de la paix et du repos.

En France, pays de politique d'imagination plutôt que de raison, on continuera de faire des querelles de mots, de créer des difficultés au gouvernement et de se diviser en partis. Il en est parmi les politiqueurs de ce pays qui pousseront même l'ignorance si loin, qu'ils en seront encore à appeler de leurs vœux une revanche impossible contre l'Allemagne. Ces chauvins, de tout temps aveugles, ne verront pas que la France en est réduite à l'impuissance, tandis que l'Allemagne au contraire, par sa politique habile, a acquis la force du granit. La France devra s'estimer trop heureuse si, dans un moment aussi difficile, M. Thiers se trouve encore à la tête du gouvernement. S'il en est ainsi, cet homme d'Etat consommé, aussi sage qu'habile, continuera d'envisager la situation politique de son pays avec sa lucidité d'esprit extraordinaire et s'efforcera de lui rendre la prospérité matérielle en le désintéressant complétement des affaires extérieures. Après avoir contenu et réduit à l'impuissance les affamés, les ambitieux, les prétendants et, avec eux, tous les hommes de désordre, il dirigera toutes les aspirations du pays vers le travail qui en est la source prospère et vers le culte des beaux-arts. Engagés dans cette voie les Français, si bien doués, sont appelés à faire revivre les chefs-d'œuvre de l'ancienne Grèce.

Bonaparte en énervant la France pendant vingt années et en faisant luire sans cesse à ses yeux le mirage des richesses, des plaisirs, du luxe et du bien-être, pour la détourner de la politique, aura facilité merveilleusement la métamorphose que la France subira peu à peu à son insu. Des hommes de talent, patriotes éclairés et convaincus, ne craindront bientôt plus d'écrire que le rôle politique de la France est fini, et qu'elle doit s'appliquer désormais à développer les merveilleuses ressources de son génie secondé par sa position topographique, par son climat et la fertilité de son sol. Ces idées d'importation allemande feront promptement leur chemin dans la nation française qui ira à son effacement politique avec sa légèreté habituelle, sans tenir compte des prédictions sinistres des esprits élevés, sensibles à l'honneur de la nation autant qu'au leur propre. Comme il est assez d'habitude en ce pays, on les vouera au ridicule. La partie de la presse française gagnée à vos vues par vos largesses, se chargera de la besogne, et s'efforcera de faire de la nation la plus versatile du globe une République de prud'hommes classiques formés à l'école du philosophe Bernardin de Saint-Pierre.

Quoi qu'il en soit, la France a été de tout temps et restera longtemps encore une des difficultés sérieuses de la politique allemande. En effet, malgré des défaites sanglantes et des désastres sans exemple, ces Gaulois, qui ont hérité de la légèreté de caractère, de la finesse d'esprit et de la bravoure de leurs ancêtres, sont des enfants terribles. Il faut avec eux les plus grands ménagements. Après avoir usé avec la France du droit de la force acquis par la victoire, la politique de conciliation s'imposera de plus en plus à votre gouvernement dans ses relations avec ce pays. Par ce moyen, Sire, vous calmerez les ressentiments de cette nation, aussi facile à l'oubli que prompte à tous les genres d'enthousiasme.

Je passe sous silence la politique que vous aurez à employer avec les petits Etats rattachés à l'empire ou en dehors de l'empire, parce qu'elle se trouve naturellement indiquée, et que force leur sera de graviter dans l'orbite politique de l'Allemagne.

Il n'en est pas de même de l'Italie, royaume de date toute récente, aux visées ambitieuses, qui doit son rajeunissement et son émancipation à une maison royale très-habile et sans scrupules politiques. Vous continuerez de la prendre en sérieuse considération. Au milieu de tant de conflits, l'Italie examinera l'horizon politique et s'appliquera à grandir son rôle de grande puissance et à donner de l'extension à son commerce. Cette politique, qui s'est déjà fait jour, a été couronnée d'un plein succès. Le gouvernement italien est parvenu à asseoir un prince de la maison de Savoie sur le trône d'Espagne. Allié à presque toutes les maisons souveraines de l'Europe, Victor-Emmanuel continuera d'ambitionner la prépondérance politique de l'Italie au sein de l'Europe méridionale. Le cléricalisme et les sociétés secrètes seront deux épouvantails dont la finesse gouvernementale italienne saura tirer un excellent parti pour arriver à ses fins. Si vous n'y preniez garde, l'Italie pourrait devenir redoutable à l'Allemagne en provoquant une alliance des peuples de race latine dont elle serait la tête. La papauté, Tunis, l'Egypte, sont autant de pommes de discorde qui rendront l'entente difficile entre la France et l'Italie. Votre diplomatie tirera de cet antagonisme le parti qui conviendra à vos intérêts.

Vous prendrez en mains la question d'Espagne aussitôt que vous aurez réuni en cour plénière les chefs et gouvernants des peuples de l'Europe. Toute trace de dissension et de guerre civile disparaîtra en Europe, dès que vous en serez devenu le chef suprême et qu'il sera reconnu que l'Allemagne en est le *gendarme*. L'Espagne sera le premier pays appelé à reconnaître les bienfaits de votre omnipotence.

La Russie, oubliant sa défaite, en s'alliant avec vous contre l'Angleterre, trouvera un aliment à son activité politique dans la Turquie d'Europe. Ne pouvant supporter le joug des Russes, les Turcs émigreront en masse dans les Etats du Sultan réfugié à Bagdad, devenu le siége d'un nouvel empire turc asiatique, et donneront ainsi de l'occupation à leurs successeurs. La prise de possession des plus belles et des plus fertiles plaines de l'Europe détournera l'attention des Russes de l'occupation par vos troupes des gouvernements de Vilna, de Courlande, de Livonie, d'Esthonie, de Saint-Pétersbourg, de Viborg, de Finlande et de toute la Laponie russe jusqu'à l'océan Arctique. Ce sera sous divers prétextes politiques, une véritable prise de possession, qui vous rendra maître de tout le littoral des mers depuis Anvers jusqu'au Cap Nord.

Telle sera, Sire, la situation générale que vous aurez faite à l'Europe au moment où vous vous préparerez à infliger à l'Angleterre une nouvelle défaite d'Hastings, plus terrible et plus irrévocable que la première.

La haine du peuple anglais contre les Allemands, habilement entretenue par vos agents politiques secrets, arrivera au moment de la déclaration de guerre au paroxysme de la fureur. Elle éclatera, chaque jour, par des vexations et des attentats contre les personnes et les propriétés des Allemands, et par des violences de toute nature. Vous signalerez dans une note diplomatique adressée à tous les cabinets de l'Europe, la conduite du peuple anglais. Il y répondra par des meetings monstres, dans lesquels ses orateurs populaires vous outrageront indignement aux acclamations de la multitude, de la presse et du Parlement lui-même. La nation anglaise en arrivera à cet état psychologique de délire et de fièvre patriotique où les raisonnements sensés, les conseils prudents des véritables hommes d'Etat sont écartés pour applaudir les sottises débitées par les ambitieux, les aboyeurs politiques, les nullités, les comparses, les brouillons, qui conduiront l'Angleterre à sa perte et consommeront sa ruine.

Il semble, Sire, que la Providence pousse à l'insanité, les nations qu'elle veut châtier dans leur orgueil et dans leur égarement ! Deux formidables escadres détruites, l'armée anglaise broyée et anéantie, la ruine, le pillage et l'incendie, telle sera votre réponse à toutes les bravades de l'Angleterre. Cette dernière victoire assurera votre suprématie sur l'Europe d'une manière définitive et sera le couronnement de votre œuvre politique. Vous traiterez l'Angleterre en pays conquis et vous la condamnerez à payer à l'Allemagne une indemnité de guerre de dix milliards en dix annuités, aux frais d'occupation d'une armée de cent mille hommes jusqu'à parfait payement, à la confiscation de ses colonies et à la reconnaissance de la république irlandaise élevée sur ses ruines.

La dureté de ces conditions sera rendue nécessaire pour réduire à l'impuissance un pays devenu un foyer révolutionnaire, et en outre, pour punir sa résistance désespérée, qui coûtera à l'Allemagne des flots de sang. D'un autre côté, un exemple de répression aussi terrible fera réfléchir les gouvernements tentés d'entrer en lutte avec l'Allemagne.

Ces résultats obtenus, vous réunirez les souverains de l'Europe en congrès à Berlin, afin de leur soumettre la constitution du nouvel empire européen que vous fonderez. Sauf quelques annexions rendues nécessaires pour assurer votre prépondérance militaire sur le reste de l'Europe, vous n'introduirez dans la confédération européenne dont vous serez le drésident avec titre d'Empereur, que des réformes d'un intérêt général et des lois organiques, qui mettront les cultes, la police et la force armée de l'Europe entre vos mains. Seul l'empire turc sera rayé de la carte de l'Europe, comme un stigmate que vous effacerez de son front. Trop longtemps le spectacle de la polygamie et du harem a été la honte de l'Europe et un dissolvant pour ses mœurs, en même temps qu'un embarras sérieux pour sa politique.

Votre but éminemment progressif, social, démocratique et humanitaire, sera de mettre toutes les législations en harmonie avec la civilisation, le génie et le besoin de vos peuples dont vous assurerez le bonheur par la diffusion des lumières. Affermis dans une voie sage, vivant en paix sous la protection des lois, ils prendront pour guide la grande nation allemande, devenue le phare de l'humanité.

Vous n'êtes pas, Sire, un vulgaire plagiaire politique. Vous réunirez dans l'histoire les titres de conquérant, de législateur et de fondateur d'empire. Après avoir sauvé l'humanité des fureurs insensées de la démagogie, votre ambition sera d'en devenir le bienfaiteur et le père!

Depuis que Constantin le Grand a transporté le siége de son empire à Constantinople, tous les dominateurs de l'Occident ont eu Rome pour objectif. Votre politique restera allemande. Berlin continuera d'être la capitale de votre empire. Appelé à devenir la première ville du monde, Berlin sera un centre d'attraction pour tous les hommes d'élite de l'Europe.

En conservant les grandes divisions

actuelles de l'Europe par Etats, vous simplifierez le rouage gouvernemental et vous rendrez le *modus vivendi* général, plus rationnel, plus logique et plus politique. Les Grecs, les Romains et les Anglais dans nos temps modernes, pour ne parler que des principales nations qui ont brillé par leur système colonisateur, se sont montrés d'excellents organisateurs et ont réussi à implanter le génie de la mère patrie partout où ils se sont établis. En empruntant à chacun de ces peuples ce qu'ils ont eu de meilleur, la race allemande, qui possède à un si haut degré les qualités colonisatrices nécessaires à l'expansion politique d'un grand empire, facilitera la prompte germanisation de l'Europe. Partout où l'Allemand s'établit, il emporte avec lui les mœurs, les coutumes, les usages et le génie de la mère patrie.

L'Allemand reste Allemand sous quelque latitude qu'on le rencontre. Absorbante, la race allemande ne se laisse jamais absorber. Une race si bien douée est faite pour la domination.

Le prestige de l'empire allemand, sa gloire récente, sa force et sa puissance affirmeront l'œuvre gouvernementale conçue et menée à fin par votre génie. Les Allemands, dont vous aurez pris soin de favoriser l'établissement sur tous les points de l'Europe, y seront les propagateurs de l'idée allemande au nom de la philosophie, de la science, du commerce et de l'industrie. Patients, laborieux, instruits, moralisateurs par l'exemple et doués d'un patriotisme ardent, ils deviendront forcément partout les initiateurs du progrès. Dans toutes les capitales, dans toutes les villes principales, dans tous les centres vitaux de l'Europe, vous fonderez des universités allemandes qui propageront la langue allemande, l'idée allemande, la civilisation allemande et achèveront pacifiquement l'œuvre politique commencée par la conquête. Vous apprendrez à l'Europe dont vous voulez le rajeunissement et la régénération, qu'elle ne doit plus sacrifier uniquement au culte de la matière, que toutes les questions philosophiques mal posées, mal comprises et mal digérées le plus souvent, doivent recevoir désormais une solution en accord avec la pratique, la raison et la logique. La fantasmagorie révolutionnaire disparaîtra et sera rejetée comme une vieillerie. La matière, qui, considérée en elle-même, n'est qu'une abstraction, puisqu'elle se fond dans le grand tout par la succession incessante et indéfinie des êtres, apparaîtra sous son jour réel. La rêveuse Allemagne, comme on s'est plu à l'appeler, sortira des nimbes et prouvera à l'univers étonné sa mission providentielle.

Lorsque l'accomplissement aura suivi la promesse, grâce à la puissante initiative de votre génie, les plus sceptiques abaisseront leur orgueil. Il sera hors de toute discussion que l'autorité est transmissible par l'hérédité, comme la vie se transmet à l'homme par voie de génération; que Dieu seul la mesure aux souverains et la leur donne et la leur retire, quand il lui plaît et comme il lui plaît!

Fermement attaché, et, fidèle aux croyances monarchiques, vous ne porterez atteinte à aucune des prérogatives des maisons régnantes de l'Europe, si ce n'est contraint par des nécessités politiques d'un ordre supérieur. Vous favoriserez la restauration de la monarchie légitime et de droit divin dans les pays où elle a disparu à la suite des révoltes populaires, en conséquence de ce même principe.

Animé du véritable amour du bien public, vous prendrez en main la cause des faibles et des opprimés, pour fermer la bouche aux sectaires politiques qui ont trop longtemps brodé sur ce thème, et vous démontrerez par la mise en œuvre d'une sage politique, la fausseté et l'imbécillité de leurs théories sociales. Vous ferez rémunérer équitablement le travail qui est un capital à venir et respecter le capital qui est un avoir acquis, en prouvant que ces deux forces solidaires vont à l'anéantissement et portent préjudice à tout le corps social dont elles amoindrissent la richesse, lorsqu'elles se font la guerre. La théorie de l'égalité rentrera dans le domaine des rêves d'où elle n'aurait jamais dû sortir, avec d'autant plus de certitude que sous votre gouvernement juste, ferme et éclairé le mérite et le travail intelligent seront seuls récompensés. L'inégalité qui naît des conditions, la souffrance, legs de notre nature imparfaite et les injustices du sort seront par ce moyen atténuées et réparées autant qu'elles peuvent l'être.

La question politique, Sire, se trouve intimement liée à la question sociale dont elle est le corollaire. C'est dans la pondération, l'harmonie, l'équilibre, le génie, les mœurs, les religions qui représentent le fait et la conséquence, que vous chercherez la solution de ces deux questions capitales et que vous la trouverez. Envisagée à ce point de vue, la future constitution de l'Europe n'est plus qu'une question de géographie et d'administration. Après que vous aurez été acclamé empereur d'Europe par vos frères les souverains réunis en congrès à Berlin, voici les changements territoriaux et les rapports d'administration particulière et confédérative que vous soumettrez à leur acceptation :

I.

L'Empereur d'Allemagne est roi d'Allemagne et prend le titre d'Empereur d'Europe. Ce titre est héréditaire dans la maison de Hohenzollern de mâle en mâle par droit de primogéniture.

II.

Les Etats de l'Europe sont constitués en confédération sous la direction politique suprême de l'Empereur d'Europe.

III.

Les souverains des divers Etats composant la confédération européenne conservent leurs titres, droits, honneurs, et dignités dans leurs Etats respectifs.

IV.

Le siége politique de l'Empire d'Europe est à Berlin.

V.

Un conseil amphyctionique, composé de tous les souverains de la confédération européenne, connaît de toutes les questions d'intérêt commun ressortissant à l'armée, à la police, à la justice, au commerce et à l'agriculture de l'empire d'Europe.

VI.

L'Empereur d'Europe déclare la guerre et signe la paix au nom de l'Empire d'Europe. Il a le commandement suprême de toutes les forces confédérées de terre et de mer, en cas de guerre.

VII.

Une assemblée générale des représentants élus par chaque Etat de la confédération, en nombre déterminé d'après l'importance de la population, tient tous les ans, à Berlin, une session de deux mois, présidée par le chancelier de l'Empire d'Europe. Elle connaît de toutes les dépenses et de tous les intérêts communs à la confédération européenne.

VIII.

Les douanes sont supprimées entre les différents pays composant la confédération européenne.

IX.

Toute religion d'Etat est supprimée dans l'Empire d'Europe. Tous les cultes y sont libres sous la surveillance des lois, à la condition d'être autorisés par l'Empereur d'Europe.

X.

L'instruction est gratuite et obligatoire à tous les degrés dans l'Empire d'Europe.

XI.

Des Universités allemandes sont fondées dans les capitales et les villes principales des différents Etats de la confédération européenne.

XII.

En cas de guerre avec une autre puissance ou avec un confédéré révolté, l'Empereur d'Europe nomme tous les chefs de corps et d'escadre des armées de terre et de mer de la confédération européenne.

XIII.

Tout Etat révolté contre son souverain ou contre l'Empereur d'Europe aura ses impôts doublés jusqu'à payement intégral des frais de guerre nécessités par une intervention armée des autres Etats de la confédération européenne. Si le souverain est à la tête de la révolte, il sera détrôné, ses Etats supprimés et réunis au royaume d'Allemagne.

XIV.

Un ordre du mérite militaire est fondé pour tout l'Empire d'Europe. Il est conféré exclusivement aux militaires au nom de l'Empereur d'Europe.

XV.

Il est fondé, à Berlin, une banque dite banque d'Europe, au capital de un milliard de francs. Ses billets ont cours forcé dans tout l'Empire d'Europe, jusqu'à concurrence de cinq milliards garantis par tous les Etats de la confédération européenne.

XVI.

Les sujets directs du roi d'Allemagne portent le titre de citoyens allemands. Le titre de citoyen allemand peut être accordé aux sujets des autres Etats confédérés à titre de récompense pour services rendus à l'Empereur d'Europe. Tout citoyen allemand à quelque pays de la confédération qu'il appartienne, ne relève que de la justice du royaume allemand.

XVII.

Tous les pays de langue allemande, anciens ou nouveaux confédérés, ainsi que la Belgique, la Hollande, le duché du Luxembourg, le Danemark, la Suède et la Norwége, la Suisse, sont régis par les mêmes codes et les mêmes lois.

XVIII.

L'ancienne Pologne est reconstituée au profit de la maison de Saxe dont le chef prend le titre de roi de Pologne.

XIX.

La Turquie d'Europe est annexée à l'Empire russe en échange des gouvernements de Vilna, de Courlande, de Livonie, d'Esthonie, de Saint-Pétersbourg, de toutes les îles des golfes de Riga et de Finlande, de Viborg, de Finlande et de la Laponie russe jusqu'à l'océan Arctique, annexés au royaume d'Allemagne. La Caucasie, la Géorgie et la Circassie sont en outre cédées au nouveau sultan de Bagdad. La Russie d'Asie, moins la Caucasie, la Circassie et la Géorgie, forme un royaume indépendant de l'empire d'Europe sous le gouvernement du czar. Le siége de l'Empire russe est transféré à Constantinople qui est déclaré port franc. Le Czar de Russie porte le titre d'Empereur et roi.

XX.

La Moldavie, la Valachie, la Servie et le Montenegro passent sous la suzeraineté de l'Empereur d'Autriche et roi de Hongrie. Le siége du nouvel Empire autrichien est fixé à Pesth. L'Empereur d'Autriche porte le titre d'Empereur et roi.

XXI.

L'Empire turc devient empire turc d'Asie sous le protectorat de l'Empereur d'Europe. La Caucasie, la Circassie et la Géorgie lui sont annexées. Le siége de l'Empire turc d'Asie est fixé à Bagdad. L'Empereur de Turquie porte le titre de Sultan.

XXII.

L'Egypte est érigée en royaume sous le protectorat de l'Empereur d'Europe et sous le gouvernement du vice-roi actuel, qui prend le titre de Kalife d'Egypte. Le Sultan de Bagdad cède au Kalife d'Egypte toutes ses possessions africaines. Le siége du Kalifat d'Egypte est fixé au Caire.

XXIII.

La Palestine est cédée au pape en toute propriété par le Sultan de Bagdad. La papauté en prend possession à titre de principat civil. Le pape fixe sa résidence à Jérusalem.

XXIV.

L'Irlande, détachée du royaume d'Angleterre et d'Ecosse, est érigée en République. Le siége de la République irlandaise est fixé à Dublin.

XXV.

Les possessions de l'Inde du royaume d'Angleterre et d'Ecosse sont cédées au royaume d'Allemagne.

XXVI.

Il n'est fait aucun changement aux autres Etats de l'Europe composant la confédération européenne.

Telles sont, Sire, les grandes choses que votre règne verra s'accomplir. Jamais Empire n'a été fondé qui offrira, au même titre que le vôtre, des garanties de force, de stabilité et d'apaisement général. Toutes les causes de conflit se trouvant écartées, vous allez assurer l'ordre dans la paix et ouvrir une ère de prospérité pour l'humanité. Les questions sociales réservées jusque-là iront à leur solution sans secousses, sans commotions, sans atteinte aux droits de la propriété, sans cesse mis en péril autrefois par les fauteurs de désordre, qui seront forcés de désarmer en face du nouvel ordre de choses. D'un autre côté, les questions religieuses qui, trop souvent, ont servi de prétexte à la désorganisation sociale et à la perturbation morale des esprits, suivront désormais la voie unique dans laquelle les chefs de culte doivent les engager. Ils en seront tenus uniquement à la prédication de la morale par l'exemple et la pratique, fermement décidé que vous êtes à leur interdire toute immixtion dans les questions du domaine politique. N'étant plus inféodées aux gouvernements de l'Europe, les Eglises se trouveront forcément détournées des préoccupations politiques. L'Occident débarrassé du pape et de la Curie romaine, pourra enfin respirer en paix.

Tous les Allemands, Sire, sourient à une aussi brillante perspective et sont prêts à tous les sacrifices pour atteindre un pareil résultat.

EUROPE ET PRUSSE

RÉPONSE AU DOCTEUR SERVUS

A PROPOS DE

L'ENTREVUE DES TROIS EMPEREURS

RÉPONSE AU Dr SERVUS

Par un singulier retour des choses d'ici-bas, nous voyons notre siècle, sur son déclin, rétrograder vers le dogme de l'absolutisme monarchique, aussi infaillible, aux yeux des croyants, que l'est celui de Rome. Qu'est devenu l'élan généreux qui poussait le monde à l'aurore de la Révolution française de 1789? Où sont ces cahiers des charges qui se faisaient l'écho modeste, mais généreux, des aspirations de tout un peuple? Où est cette

Europe attentive, qui, au nord, au midi, à l'est se réveillait de ses longues torpeurs secouée par l'éloquence d'un Mirabeau? Où sont ces glorieux législateurs de l'Assemblée la plus française qui fut jamais? Alors, un peuple hier dans les fers, rivé à toutes les servitudes, le jouet de tous les caprices et de toutes les tyrannies, se rendait libre, au cri indigné des consciences affamées de justice, et proclamait les droits imprescriptibles de l'humanité. C'était l'heure où la Bastille tombait, où sur l'autel de la patrie, l'égalité civique était solennellement reconnue, et où tous les vestiges de la tyrannie grande et petite étaient emportés par le torrent révolutionnaire. Pourquoi faut-il, qu'à plus de quatre-vingts années de distance, les mêmes hommes, mis au pilori de l'opinion publique et flétris par la conscience universelle, soient revenus au pinacle, plus arrogants, plus superbes, qu'ils ne l'ont jamais été pendant tant de siècles de servitude. Ecoutez, frères de France et d'Europe, n'entendez-vous pas le bruit des chaînes que le despotisme est en train de nous forger à Berlin ? Si vous en doutez encore, lisez attentivement la brochure du docteur Servus, séide officieux de l'inspirateur de la politique prussienne actuelle.

Ces hommes altiers, qui, par avance, font défiler sous leurs yeux le troupeau subjugué des peuples de l'Europe, ont-ils conçu le rêve insensé du docteur Servus, et veulent-ils le parquer au sein de chaque pays, sous la conduite de rois et de chefs, devenus leurs *chiens de garde?*

Rendus insolents par le triomphe, ces sauveurs jettent leur masque hypocrite et viennent, avec un cynisme plein d'effronterie, nous développer leur plan politique dans toute sa hideuse simplicité.

Ainsi l'Europe du moyen âge, l'Europe de la guerre de Trente ans, du partage de la Pologne, voilà l'idéal de Berlin. L'asservissement des peuples, la féodalité des grands, l'absolutisme césarien à la tête, tout cela dressé, réglementé, dirigé, par des sbires, des gendarmes et des bureaucrates recevant leur mot d'ordre de Berlin, telles sont les promesses de ces bienfaiteurs de l'humanité. Les royautés millénaires qui perpétuent les abus, les aristocraties qui les soutiennent, les armées permanentes qui épuisent les peuples, sont la clef de voûte du système. Mais suspendons notre indignation, et examinons, avec le calme froid de la raison, la politique césarienne dont le docteur Servus vient de nous faire l'exposé.

En remontant le cours de l'histoire, nous voyons que les mêmes causes y ont produit constamment les mêmes effets. L'esclavage dans la société romaine, le servage dans les sociétés du moyen âge issues du christianisme, ont été, de tout temps, la base des gouvernements de droit divin. La démocratie romaine ne comptait pas plus dans la balance politique à Rome, que la démocratie allemande ne compte de nos jours à Berlin. Des deux côtés, une bureaucratie savamment organisée règne et gouverne au nom de César. L'esclavage a disparu, le servage s'est transformé, mais il reste à liquider la redoutable question du salariat, qui, fatalement, s'impose à l'Europe, et, qu'à Berlin, on a la prétention de résoudre par l'absolutisme universel. Nous ne voulons pas nous perdre dans le labyrinthe de l'histoire; il suffit d'indiquer les tendances modernes pour préciser la question politique qui se débat à Berlin, et que nous venons porter devant le tribunal de l'opinion publique de l'Europe.

Nous sommes les héritiers d'une civilisation qui a été faite de par Dieu, de par l'Eglise et les Rois. Sous le régime de la portion congrue auquel l'ont mis ces trois puissances, toutes les fois que cet épileptique qu'on appelle peuple ne se tord pas dans les convulsions du désespoir, il en est réduit à être comme un cadavre : *perinde ac cadaver*. Loyola n'a été qu'un plagiaire, l'absolutisme royal lui rend encore des points !

Le conseiller de Guillaume trouve que cet épileptique a eu tort de briser ses chaînes, ce léthargique de secouer sa torpeur ; il veut, à tout prix, qu'on lui redonne des douches, des potions calmantes et surtout des fers. C'est très-mal, en effet, de la part des peuples, de vouloir vivre à leur guise, de penser et d'agir autrement que par ordre. Cela ne se voyait pas aux bons temps de la royauté lorsque les classes privilégiées s'entendaient à merveille avec elle pour torturer le pauvre patient !

Mais voilà que des penseurs généreux ont surgi, qu'ils se sont faits les héritiers des grands hommes et des grandes idées, et les apôtres de la liberté. La culture de l'esprit a développé la culture du cœur, l'intelligence s'est agrandie, le peuple a appris que dans les dieux et les demi-dieux devant qui il se prosternait, il n'y avait que des hommes et souvent les moindres des hommes. Bientôt le génie des initiateurs eut des éclairs, des audaces, des révoltes qui illuminèrent, entraînèrent, se propagèrent. La révolution fut accomplie dans les idées avant de se traduire par les faits. Elle fut si émouvante, si communicative, qu'elle brouilla jusqu'aux cerveaux des rois eux-mêmes. Voilà l'œuvre de ces charlatans politiques dont parle le docteur Servus, et de leurs successeurs, voilà leurs crimes ! On a d'ailleurs de bonnes raisons, à Berlin, pour les haïr, et nous comprenons qu'à leurs doctrines, on préfère la métaphysique dogmatique des docteurs piétistes.

La haine des absolutistes de Berlin pour la France en particulier, ne tient pas seulement à une question de rivalité et de prépondérance, elle provient surtout du tort impardonnable qu'elle a, à leurs yeux, d'avoir été l'initiative du mouvement révolutionnaire de 1789, et, d'en conserver les traditions. Il a fallu depuis temporiser, donner des constitutions, subir des parlements, et avoir sur les lèvres des paroles bien éloignées du cœur. C'était plus commode le gouvernement du bon plaisir! De par Dieu et le roi, on rouait, on brûlait, on écartelait, on écorchait vif, on exterminait la canaille, on emprisonnait à volonté, *et le principe d'autorité n'était pas foulé aux pieds.*

C'est aux principes de ces traditions royales que le docteur Servus de Berlin voudrait nous faire revenir. Voltaire, Jean-Jacques, les encyclopédistes et, après eux, tous les révolutionnaires vomis par l'enfer, ont été les fléaux de l'humanité. L'Allemagne, qui a bon cœur pour ses princes, ouvre les yeux à la lumière et le comprend. Il est vrai, Allemands, que le gouvernement prussien ne s'épargne pas à la peine pour faire votre bonheur. Il vous donne de la gloire tant qu'il peut, mais il a besoin pour cela d'être fort, et vos libertés y passent les unes après les autres. Gloire et patrie sont des mots vides de sens, s'ils ne représentent pas une idée grande et généreuse, qui ne s'impose pas avec le sabre, mais avec le souffle de la liberté ! Vous avez un empereur d'Allemagne, quel titre ronflant et sonore ! Si nous étions Allemands, la tête nous en tournerait. Allons, partez en guerre avec votre empereur, vous avez déjà fait, Dieu merci, une assez belle besogne, continuez votre œuvre de progrès à coups de canon.

Il y avait autrefois un brave petit peuple qui s'appelait le Danemark ; il ne demandait qu'à vivre en paix avec ses voisins. Mais, l'un d'eux était gouverné par un fourbe ambitieux et par un despote, et vite, on chercha à ce petit gêneur une querelle... d'Allemand. On se mit même deux pour mieux faire le coup. En langage de roi, on appelle cela *une victoire diplomatique*. En langage de peuple cela s'appelle de *la filouterie*.

En 1864, nous étions déjà en pleine recrudescence de despotisme. En France on trafiquait du Mexique, en Angleterre et en Autriche on ne consultait que l'égoïsme et l'intérêt, en Russie, on se recueillait, le larron prussien, lui, faisait l'apprentissage de son métier. M. de Bismark, ayant mis tous les atouts dans son jeu, ne craignit pas de se risquer, surtout avec un adversaire de la force de Napoléon III, et une malade qui s'appelait l'Autriche, cette *pelée*, cette *galeuse*, d'où venait tout le mal. Le renard prussien fit au corbeau français mille compliments et lui dit : « Nous nous mettrons deux pour étouffer l'Autriche et la faire crier moins. » Là-dessus, il s'allia avec Victor-Emmanuel, et M. Bonaparte qui se crut bien malin, fut complétement *roulé. La victoire d'Autriche,* ajoute le docteur Servus, *affirma la force et l'union de l'Allemagne.* Elle arrondit en effet la Prusse, du Hanovre, de la Hesse et autres bons biens allemands, sans compter une alliance intime avec tout le corps germanique, et, dès ce jour, elle se sentit si forte, qu'elle ne parla plus qu'en montrant les dents. Il est vrai, qu'après Sadowa le cœur de Napoléon III et de son grand ministre furent remplis de tristesse ; mais, bientôt, la Prusse, à propos du Luxembourg, apprit à ces drôles, qu'ils avaient le caractère mal fait, et décida de leur infliger une maîtresse correction. Comment, se dit M. de Bismark, Napoléon III est allé au Mexique accomplir « la plus grande pensée de son règne, » il a tous ses arsenaux vides et il se mêle de mes affaires, nous allons bien voir ! Il se souvint fort à propos de la rancune de Prim, et la question d'un Hohenzollern en Espagne vint mettre le feu aux poudres.

Ce fut pour le parti bonapartiste, qui n'avait ni prévu ni prévenu la question qui surgissait à l'improviste, une occasion de sortir du mauvais pas politique dans lequel il s'empêtrait de plus en plus tous les jours, et il la saisit aux cheveux. Le chœur entier des histrions et des policiers de la valetaille impériale se mit à crier et à hurler à tue-tête : « à Berlin, à Berlin. » Cette farce burlesque montée avec les trucs et la mise en scène ordinaire de

Messieurs les mouchards impériaux aboutit à la déclaration de guerre ridicule qu'on sait. L'Europe, qui, depuis longtemps, ne prenait plus le gouvernement de la France au sérieux, éclata d'un fou rire à cette nouvelle.

Le héros Guillaume, *adonc*, s'en fut en guerre à la tête de ses innombrables légions. Hurrah, pour l'Allemagne! la victoire lui resta dans toutes les rencontres. La valeur fut du côté de l'armée française, mais hélas! tout lui fit défaut, et elle périt accablée sous le nombre. Toutefois, malgré les incapables et en dépit des traîtres, même après la fatale journée, où l'homme de Sedan, vint faire acculer et écraser à dessein son armée pour le plus grand profit de sa dynastie, Guillaume eut encore à craindre la colère d'un peuple odieusement trahi et livré. La France était moins avilie qu'il ne la supposait. Un immense cri de réprobation sorti de millions de poitrines conspua le lâche qui venait de la déshonorer une fois de plus.

La France républicaine se leva frémissante, pour venger l'honneur de la patrie, et n'hésita pas à continuer une lutte inégale, en dépit des clameurs byzantines de ceux-là qui n'avaient plus conservé de français que le nom.

La République a fait de nouveau ce miracle de relever la France d'un abattement mortel pire que la défaite, au moment où des infâmes s'apprêtaient à consommer sa ruine, en lui mettant au front le stigmate du déshonneur. Ses ennemis apprendront un jour à leurs dépens, de quel poids la France républicaine pèse encore dans les destinées du monde!

Jusque-là, continuez votre œuvre,

empereur Guillaume et vous prince de Bismark. Le fer et la ruse vous donneront peut-être raison des résistances de vos frères en monarchie, mais l'heure expiatoire sonnera pour vous et pour l'Allemagne honteusement courbée sous votre joug.

Le docteur Servus nous représente son maître les yeux constamment fixés à cette heure, vers le nord, où il convoite une nouvelle proie. M. de Bismark sait que la Russie fait obstacle à ses projets ambitieux, et qu'elle a les sympathies de l'Europe. Cette pensée trouble son sommeil. Il ne retrouvera le repos, que lorsqu'il aura consommé sa ruine. Ne pouvant faire de la Russie, ce qu'il a fait de l'Autriche, il lui réserve le sort de la France. Il veut la même fin par les mêmes moyens. Ses généraux croquemitaines font retentir leurs éperons sur les dalles de tous les palais des rois, cherchant, furetant, épiant. Ses princes et ses diplomates voyagent. Ses canons roulent sur toutes les routes de Strasbourg à Kœnigsberg. Les forges de Krüpp soufflent comme celles de Vulcain. Ses arsenaux sont remplis. Partout sur terre et sur mer une activité dévorante. La menace est dans l'air; l'orage prêt à éclater. L'Europe étonnée tressaille d'inquiétude. L'empereur Guillaume est content de son premier ministre. Jupiter nouveau, il tient en mains la foudre :

— Annuit et totum nutu tremefecit olympum.

Et M. de Bismark continue de faire entendre son rire métallique, dans ses discours, dans ses notes diplomatiques, dans ses lettres de chancellerie, et de jeter en pâture à ses savants en *us*, à ses pamphlétaires et à ses journalistes les mots de slavisme, de germanisme, de panslavisme, de pangermanisme. Les pîtres débitent le boniment au public et préludent à la farce tragique. L'Europe a vu ce spectacle du dégoût, elle le voit encore; mais sera-ce toujours du même œil!

A force d'être surfaits et flattés par eux-mêmes, les Allemands ont fini par se prendre au sérieux. Les autres nations comptent encore à peine à leurs yeux. Les Français sont des fanfarons, les Russes des abrutis, à tel point, qu'il semble au docteur Servus, que la société chancelante de la Russie ne se soutient que grâce à l'appui des Allemands de la Baltique. Les Allemands, qui, en France, ont espionné pour le compte de la Prusse sur une grande échelle, et se sont acquis à ce joli métier une réputation de cafardise devenue proverbiale en Europe, espèrent-ils poursuivre le cours de leurs exploits en Russie? Il est permis d'en douter.

Le docteur Servus prétend, il est vrai, avoir le bras long en Russie par ses frères de la Baltique, mais il oublie que le nombre des Allemands russes est comparativement très-petit, et qu'ils se trouvent noyés, en quelque sorte, dans l'immense empire des Czars. *De désordre, de trouble, de confusion et d'inquiétude*, il n'en existe, en Russie, que dans l'imagination des émissaires de M. de Bismark. Son compère M. de Moltke pourrait fort bien en être pour ses frais de papier, *en élaborant sous les yeux de l'empereur Guillaume le plan d'une future campagne de Russie.*

Le gouvernement prussien, grisé par le succès, rêvant avec l'Allemagne la monarchie universelle, prend volontiers ses désirs pour des réalités, sa foi au succès pour le succès lui-même; *il voit sur tous les points de la Russie des sociétés secrètes qui s'organisent, des conspirations qui s'ourdissent*, comme si les Russes de toutes les classes allaient se mettre eux-mêmes à démolir leur patrie, rien que pour faire plaisir à ces braves Allemands. Evidemment, si le poison germanique vient à circuler trop librement en Russie, il y a tout à craindre qu'il n'y fasse autant de ravages qu'en France.

Malheureusement, le fanatisme et la superstition, compagnes inséparables de l'ignorance, sont des auxiliaires dangereux pour des gens aussi peu scrupuleux que les Allemands. Pour parer à ce danger, puisqu'on n'a pas le choix des moyens, il faut que l'armée russe devienne, avec le service obligatoire, l'école moralisatrice de la nation, en attendant les bienfaits de l'instruction gratuite et obligatoire, là, comme dans tout le reste de l'Europe et du monde civilisé.

Le patriotisme est la vertu du Russe par excellence. Il aime comme tous les Slaves son champ, sa chaumière, sa famille, son pays, il aime la sainte Russie. Il est brave, il est généreux, il est, on l'a dit, le Français du nord. Sur les champs de bataille de Crimée, avant et après la paix, nos mains se cherchaient et se pressaient fraternellement. L'amour du Russe, et surtout du vieux Russe pour les Allemands, ne paraît pas aller jusqu'à les précipiter dans les bras l'un de l'autre. Quel ne sera pas l'étonnement de la noblesse russe, le type de la bravoure chevaleresque, lorsqu'elle verra en quelle estime on la tient à Berlin ! En s'associant avec un élan généreux et spontané à l'édit d'émancipation, titre impérissable de gloire d'Alexandre II, elle a donné la mesure de son dévouement à la patrie. A la suite de ce grand acte politique qui la relève, la Russie se trouve placée au premier rang de la civilisation européenne.

En Russie, comme partout ailleurs, la société marche, grâce à la vapeur, à l'électricité, à la science industrielle. Le despote, qui règne à Berlin, jalouse le progrès lui-même, et entend le faire manœuvrer passivement comme ses régiments. La famille libre dans l'Etat libre, l'égalité et la liberté dans la légalité, César n'en veut point. Il dogmatise, selon le droit divin, et se renferme dans le plus étroit formalisme. Il prétend être au-dessus de la loi et des droits. Voilà pourquoi, l'apôtre de l'absolutisme trouve bon de donner, en passant, un avertissement aux rois, et de faire une petite réclame monarchique, aux dépens du peuple russe, en le représentant, comme faisant courir aux trônes et à la civilisation *un double péril qu'il faut à tout prix conjurer.*

Mais, où le docteur Servus est pathétique, c'est lorsqu'il excite ses frères allemands de la Baltique à la trahison. Ecoutez, semble-t-il leur dire, je ne vous marchande pas les compliments. Je reconnais volontiers que la Russie ne durerait plus quinze jours, si vous n'étiez là pour la soutenir, et, qu'il y a plus d'esprit, dans la tête d'un des vôtres, que dans celle de cent mille Russes, mais c'est à une condition toutefois, c'est que vous ferez les affaires de l'empereur Guillaume avant tout. En termes clairs, vous espionnerez, vous trahirez, vous livrerez la

Russie, et, à cette condition, je vous proclame les fils les plus illustres de l'Allemagne dans la postérité.

Les milliards, docteur Servus, qui donnent le vertige à vos maîtres, et dont ils veulent faire un placement avantageux en Russie, ils sont là dans les coffres de la France. Ils y sont venus, par l'épargne du pauvre, par la confiance du riche, par l'estime et l'admiration de tous pour la France, comme une protestation, plus morale encore que matérielle, contre votre politique, qui a, en ce moment, un succès de désapprobation générale en Europe! Nous vous payerons, nous vous enrichirons, nous vous donnerons peut-être les moyens de battre encore d'autres peuples, mais rappelez-vous que la fortune est inconstante. Votre politique de conquête, qui consiste à mettre le feu aux quatre coins de l'univers, à semer la division, à répandre l'inquiétude, à piller, à ruiner, à tuer, à massacrer et à brûler pour satisfaire l'ambition effrénée d'un vieillard, n'est plus de notre âge et répugne à notre civilisation. Aujourd'hui, c'est la désapprobation universelle que la Prusse recueille, demain, si elle s'opiniâtre à poursuivre son plan criminel de monarchie universelle, ce sera sous les coups de l'Europe coalisée qu'elle succombera.

Votre maxime favorite, Monsieur de Bismarck, « diviser pour régner » s'use elle-même entre vos mains. La France se réconcilie l'Europe ; elle vient de le prouver par le succès de son dernier emprunt. L'Angleterre s'interroge et a l'œil ouvert sur vos agissements secrets. L'Autriche, que vous menacez le couteau sur la gorge de l'ambition de la Russie et de vos propres coups, commence à s'apercevoir que vous continuez à lui faire jouer un jeu de dupe. L'alliance intime que vous lui offrez n'est plus qu'un leurre à ses yeux. La Russie sait parfaitement ce qu'elle a à attendre de vous.

Est-ce par crainte d'une immense déconfiture politique, que vous faites sonner une fanfare diplomatique par toute la presse allemande et européenne, et que vous conviez deux empereurs à une représentation théâtrale à Berlin? « *Risum teneamus* : » tenons notre rire.

Que pourra dire le vainqueur de Sadowa à son hôte autrichien? Ce qu'il lui a déjà donné à entendre, sans doute : « que partout où l'on parle allemand, la terre est allemande et appartient à l'Allemagne. Donc les provinces héréditaires de l'Autriche, etc. »

Et à son neveu de Russie : « Vous avez aux confins de mon empire certaines provinces allemandes, si vous ne les rendez pas à l'Allemagne, je serai forcé de vous les prendre. »

Sur ce, les trois empereurs échangeront un baiser Lamourette. Leurs ministres se serreront la main, la haine dans le cœur, et on se quittera un peu plus ennemis qu'on ne l'était avant l'entrevue.

Mais les intérêts moraux de l'Europe et ses intérêts matériels ! L'ennemi, la plèbe qui veut absolument qu'on s'occupe d'elle, n'est-ce pas une occasion pour s'unir et s'entendre ? L'Angleterre n'est-elle pas en train de donner le branle-bas général à l'Europe ? N'est-ce pas par centaine de mille que ses salariés de l'agriculture et de la domesticité s'entendent pour revendiquer leurs droits au soleil, au travail, et à l'existence? L'Internationale elle-même ne va-t-elle pas tenir son congrès des salariés à côté du congrès des empereurs? Ne sont-ce pas là autant de signes des temps? Allons, sus aux Jacques, aux doctrines pernicieuses, aux tentatives démagogiques!

Mais l'Allemagne est tranquille, la Russie est tranquille, l'Autriche est tranquille. A quoi bon parler de répression, lorsqu'il n'y a rien à réprimer, laisser croire aux fauteurs de désordre, qu'on les redoute, lorsqu'on se flatte d'être des gouvernements forts. La peur du mal, en pareil cas, serait sa meilleure propagande. Ce serait aller au-devant du danger, au lieu de le conjurer. La question de dignité d'abord, la crainte de passer pour un gouvernement faible ensuite, empêcheront qu'on agite à Berlin la question du prolétariat. On s'occupera donc de riens inutiles, on festoiera, on dansera, et, à un moment donné, ces augustes personnages feront comme les augures, ils ne pourront se regarder sans rire.

Après le départ de Sa Majesté de Russie, l'empereur d'Allemagne poussera un soupir de soulagement. La contrainte que lui imposera la présence de son cher neveu, contre qui il va faire prochainement une guerre à feu et à sang, lui deviendra à la fin intolérable.

Puisqu'il entre dans le plan de la politique prussienne de faire la guerre à la Russie avec l'aide de nos milliards, examinons quelles peuvent être les chances de cette lutte, eu égard à la situation actuelle de l'Europe.

Ce qui nous fait supposer que l'Allemagne ne nous accorde qu'une trêve, c'est qu'elle reste plus que jamais sur le pied de guerre, tandis que la Russie s'y met avec une activité fébrile.

Le comte Andrassy, esprit sagace et politique habile, demande dix années de paix pour faire reprendre à l'Autriche la place brillante qu'elle a occupée en Europe, mais sans espoir de les obtenir. Là est tout le secret de sa politique d'alliance avec l'Allemagne.

M. de Bismark, qui tient plutôt à faire les affaires de la Prusse que celles de l'Autriche, comprend bien cette situation et cherche à l'exploiter au profit de ses intérêts. Une guerre entre la Russie et l'Autriche, à propos de la question d'Orient, servirait ses projets à merveille, aussi est-elle plus dans ses espérances que dans ses craintes. Mais la Russie ne peut se faire agressive, qu'autant qu'elle nouerait une alliance solide avec la France, et, dans l'état actuel, cette éventualité se trouve bien reculée.

C'est donc au milieu d'inextricables complications créées par lui comme à plaisir, que M. de Bismark poursuit l'exécution de son plan politique, et qu'il travaille à amener la Russie en champ clos, dans l'espoir de l'écraser à son tour. Tout le monde sait en Europe qu'il n'a pas abandonné la maxime d'Etat, universellement en vigueur, dans les cours, jusqu'au dix-huitième siècle, « que l'occasion de s'agrandir aux dépens de ses voisins ne doit jamais être négligée. »

Comme preuve, n'avons-nous pas vu de nos jours, les jurisconsultes de Berlin employer leur savoir et leur dextérité à l'élaboration de manifestes et de consultations, dont l'emploi était de masquer l'œuvre de l'ambition et de la ruse? Or, triompher de la Russie, c'est triompher de l'Autriche, nous dit sans détour le docteur Servus, c'est la grande Allemagne unifiée !

Nous connaissons l'habileté de M. de Bismark à faire naître des conflits. A l'heure qu'il est, sa presse officieuse ne cesse de tirailler avec les journaux russes. Chaque jour la polémique devient de plus en plus acerbe des deux côtés. Déjà l'humeur guerroyante du docteur Servus lui fait devancer les événements. Il nous indique la marche de la politique prussienne, que la question financière elle-même pousse à la guerre de conquête. En vain la Prusse remplit ses caisses des milliards de la France; ils en sortent presque aussi vite qu'ils y entrent. Elle sent que son travail national n'y suffirait pas pour subvenir aux charges de son formidable pied de guerre, et que s'il se prolongeait, l'empire germanique risquerait de s'engloutir dans le gouffre du déficit. Aussi, M. de Bismark est pressé d'en finir. Déjà, il voit la France se relevant, l'Autriche se raffermissant, l'Italie se constituant, la Russie menaçante, l'Angleterre qui vient d'échapper au péril d'un conflit avec les Etats-Unis armant à son tour, l'Espagne elle-même renaissant, et l'Europe unie, venant dicter des lois à Berlin, au lieu d'en recevoir. Il veut à tout prix empêcher ces fantômes importuns de prendre corps, et porter à la Russie un coup irrémédiable, en faisant éclater subitement sur elle le tonnerre des batailles. Ne croyant pas à une coopération possible de la part de la France, son impertinence redouble.

Libre à l'Allemagne et à son gouvernement de se bercer de rêves optimistes. Mais l'Europe, de plus en plus édifiée tous les jours, fait retour sur elle-même, et, à aucun prix, elle ne veut permettre à la Prusse de réaliser ses projets ambitieux. Si la guerre éclate entre la Russie et la Prusse, elle s'interposera entre les deux adversaires et empêchera la lutte, à moins que M. de Bismark ne se croie assez fort pour la braver.

S'il en arrivait ainsi, la France serait à l'avant-garde; l'Autriche, l'Italie, l'Angleterre revenue aux saines traditions de sa politique la suivraient, et la Russie marcherait sur Berlin. Les brouillons politiques de l'Allemagne auraient vécu, et la paix serait enfin rendue au monde.

Si l'Europe suivait une politique contraire, Philippe, après avoir asservi la

Grèce, continuerait ses conquêtes. Après la Russie ce serait le tour de l'Angleterre. L'Europe pendant de longues années serait vouée à la dévastation, à la ruine et à la guerre, jusqu'au jour où elle tomberait expirante aux pieds du César germain, réalisant le plan du docteur Servus, qui est celui des sombres rêveurs politiques de Berlin.

Vous, marchands de la cité de Londres, qui, derrière vos comptoirs, avez ri d'un rire épanoui des désastres de la France, que vous semble-t-il de la reconnaissance que vous ont vouée vos bons amis les Allemands ? Le docteur Servus n'a pour vous que des paroles de mépris et ne voudrait pas de votre plus grand homme d'Etat pour cirer les bottes de M. de Bismark. Votre île, à ses yeux, n'est plus qu'un ramassis de démagogues, condamnés à disparaître. L'Irlande seule, oh! le tartufe! l'Irlande, qu'il espère gagner à l'Allemagne, est peuplée de gentlemen bien pensants que M. de Bismark aidera, en récompense de leurs services, à fonder une république modèle. Quant à *l'immense empire britannique, il sera réduit à n'être plus qu'une expression géographique.* Le *Times* se consolera sans doute de tant de désastres, en allant se faire imprimer à Berlin, où il deviendra l'organe le plus accrédité de l'agence Guillaume, Bismark et Cie.

Le docteur Servus devient, en terminant, d'un tendre pour la France, qui nous émeut jusqu'aux larmes. Comme l'intelligence d'un peuple s'illumine vite, à ce foyer de toutes les lumières, qui s'appelle l'Allemagne. Il y a quelques années, les Français touchaient au crétinisme ou à peu près, maintenant, qu'il s'agit de neutralité, M. Thiers est le Solon de la France; nous allons enfanter des chefs-d'œuvre, qui vont faire pâlir ceux de la Grèce et de Rome, et, après les Prussiens, nous sommes le peuple le plus spirituel de la terre.

A l'en croire, avec l'hégémonie prussienne de la Prusse sur l'Europe, l'âge d'or va recommencer. On n'entendra plus parler de ces doctrines subversives, qui ont ensanglanté le monde. La liberté sera sagement définie et limitée. Seulement, l'empereur aura soin de ne pas en laisser trop prendre, parce qu'il ne peut pas trop en donner. Le droit divin sera proclamé dogme d'Etat, et le monde entier gouverné par les Hohenzollern, jusqu'à la consommation des siècles!

Toutefois, le bon docteur Servus, qui

se plaît à prodiguer les consolations aux grandes infortunes, assure aux potentats en activité et en non activité de service, qu'ils seront conservés dans leurs titres, satrapies et émoluments. L'excellent docteur va même jusqu'à conseiller à l'empereur de favoriser les restaurations monarchiques. Ainsi la France va refleurir avec le trône des lis! Voilà une coquetterie du rusé docteur, qui va rendre folle de joie la droite de notre Assemblée. A ce prix, on passera Jérusalem à M. de Bismark, sans trop crier, si ce n'est pour la forme. Car après tout, comme le pouvoir de l'empereur d'Europe sera, sans fiction, un pouvoir fort; qu'il fera rentrer les mécréants politiques sous terre et invitera le roi de France à dîner avec lui dans l'occasion, tout sera pour le mieux!

Arrivé au paroxysme de l'enthousiasme, l'illustre docteur Servus de Berlin se livre à une véritable débauche d'artiste en géographie. L'Allemagne prend naturellement des proportions gigantesques sur la carte de l'Europe ; les autres Etats s'y retrouvent comme ils peuvent. L'empereur turc et le pape en ont tous deux disparu. Deux princes temporels, et qui plus est, chefs de culte ! Qu'en dira M. Veuillot, qui est conservateur et clérical?

Quant à la constitution de l'empire d'Europe, il n'y a qu'un mot à en dire, c'est un chef-d'œuvre. Du reste, un empereur arrivé à un tel apogée de gloire n'est pas un plagiaire politique comme le fait remarquer, fort à propos, le docteur Servus.

Parmi tout ce lyrisme, j'ai éprouvé toutefois une assez vive déception. Je me croyais arrivé à l'ère de la paix perpétuelle, et j'y lis de nombreux articles en cas et prévision de guerre. Serait-ce, que Sa Majesté l'empereur d'Europe a voulu laisser une porte ouverte au règlement d'une question politique, que je vois poindre à l'horizon ? Il a été dit et écrit : « qu'en tout pays, où l'on parle allemand, la terre est allemande et appartient à l'Allemagne. » L'idée m'est venue aussitôt de la conquête prochaine des Etats-Unis d'Amérique, où il y a à l'heure qu'il est, quatre millions d'Allemands. C'est un pays riche, où l'armée allemande fera d'excellentes affaires. Après viendra le tour de la Chine et du Japon. Il n'y a pas à dire, il faut que les Allemands implantent partout leur civilisation et leur langue, qui, d'ailleurs, est, dit-on, la langue primitive.

En face d'un ennemi, qui ne prend plus la peine de cacher son ambition et ses projets liberticides, il est temps que l'Europe se recueille, s'interroge et ne se laisse pas surprendre, une fois de plus, maintenant surtout que le péril lui est signalé.

La politique de Berlin se complaît dans cette idée que l'Europe est atteinte de dégénérescence ; qu'elle en arrive au suicide, par excès même de civilisation, si l'Allemagne ne lui impose pas sa vitalité et sa fécondité de ressources. C'est cette infatuation de l'Allemagne qui fait sa force et son prestige actuels aux yeux de l'Europe. Ce charlatanisme politique, à bien l'examiner de près, tient surtout au pédantisme prussien, qui s'en est fait l'éditeur responsable. Une partie de l'Allemagne elle-même, surtout dans le sud, n'est pas aussi enthousiaste, qu'on le suppose, de ces doctrines empiriques. Cette résistance aux idées et à l'absorption de la Prusse prend sa source dans un ancien antagonisme. La religion, les mœurs, la fidélité à d'honorables souvenirs, la comparaison du présent avec un passé regretté de plus en plus tous les jours, apportent des entraves à l'exercice de la dictature prussienne; déjà même, des mécontentements commencent à se produire avec éclat, au sein du parlement où des adversaires du talent de M. Windthorst et de M. de Mallinckrodt viennent combattre avec succès l'outrecuidance prussienne de M. de Bismark.

Une remarque étrange à noter, à travers ces complications de la politique intérieure de M. de Bismark, c'est qu'il est obligé, pour faire prendre au sérieux ses agissements contre les jésuites, de montrer la France alliée à la célèbre compagnie, devenue à ses yeux son auxiliaire la plus active, et le dissolvant le plus énergique, pour l'unité germanique.

De pareils moyens ne peuvent pas faire constamment illusion. L'Europe sait, à n'en pas douter, que la France ne descend pas à ces calculs machiavéliques, et qu'elle est en ce moment moins menaçante que menacée par l'ennemi qui l'accuse. La meilleure preuve que l'Europe n'est plus dupe de cette politique d'expédients, dont la calomnie fait tous les frais, c'est qu'elle a envoyé, lors du dernier emprunt, vingt milliards à la France, en témoignage de sa loyauté et de la confiance qu'elle inspire.

Nous ne pouvons en terminant notre réponse à la brochure politique du docteur Servus de Berlin, résister au plaisir de citer un article du *Wanderer* de Vienne, du 10 août 1872, qui corrobore singulièrement la réponse que nous avons faite à la brochure du docteur Servus.

« Il semble, dit l'organe autorisé de la
« presse autrichienne, que la Prusse a
« atteint le zénith de la puissance et que
« l'orgueilleux prestige de la souverai-
« neté impériale éclose à Berlin touche à
« son déclin. Au moment même où la
« Prusse s'apprête à recevoir d'un air
« protecteur les hommages de la moitié
« de l'Europe, on voit se multiplier de
« la façon la plus étrange certains symp-
« tômes indiquant que les diverses frac-
« tions de la nationalité allemande et les
« princes allemands ne tolèrent plus la
« perspective de sombrer sans gloire dans
« le prussianisme.

« De jour en jour les tendances parti-
« curalistes s'accusent plus fortement
« dans l'Allemagne méridionale et dans
« l'Allemagne centrale.

« Oui, maintenant que les fumées de
» l'ivresse chauvine se sont dissipées, on
« recommence à apprécier les avantages
« de l'égalité de droits pour tous les
« Etats, et cet individualisme du peuple
« allemand, qui naguère accomplissait
« dans l'ordre moral un travail si profond
« et si continu, renaît partout avec un
« élan nouveau. Insensiblement on se
« remet à comprendre qu'à l'heure
« actuelle il ne s'agit point de l'union de
« l'Allemagne, mais de l'abdication des
« souverainetés allemandes entre les
« mains de la Prusse ; on entrevoit qu'il
« s'agit uniquement de fonder une grande
« Prusse, dont le sud est convié à payer,

« pour une part notable, les aventures
« militaires.

« Quant à la Prusse elle-même, elle
« ne voit dans les autres fractions de la
« nationalité allemande que des ilotes
« qui peuvent être bons à fournir de la
« chair à canon, mais qui, en dehors de
« cette spécialité, n'ont droit de rien
« désirer, si ce n'est d'être réglementés
« par des employés prussiens et par leurs
« créatures, et d'être exploités et saignés
« à blanc par les inspecteurs prussiens
« des douanes.

« Enfin, les cours de l'Allemagne cen-
« trale comprennent que le traité de Ver-
« sailles n'a établi qu'un intérim en atten-
« dant leur complète médiatisation. En
« effet, elles voient la Prusse, avant même
« que soit sèche l'encre du nouveau
« pacte d'association allemande, confier

« sans se gêner, à ses mamelucks de la « presse périodique et du Reichstag, le « soin de poursuivre la besogne d'uni- « fication. »

Nous demandons, avec le *Wanderer*, que l'Europe et l'Allemagne désavouent « définitivement et absolument la politique qui, jusqu'à ce jour, a donné à la prussification un appui si commode. »

Si nos conseils sont suivis, l'empire du Hohenzollern, exalté avec un enthousiasme épique par le docteur Servus, disparaîtra, après une durée éphémère, dans un immense effondrement.

Tel est, sans être prophète, le sort que l'on peut prédire à l'Etat moderne rêvé à Berlin, d'après les doctrines de Hegel. Système désastreux dans lequel la liberté, la moralité, l'humanité elle-même sont sacrifiées à une unité extérieure et factice, qui consiste à transformer l'Allemagne en une vaste place d'armes, où toutes les vraies conquêtes de la civilisation seraient menacées, tôt ou tard, de disparaître.

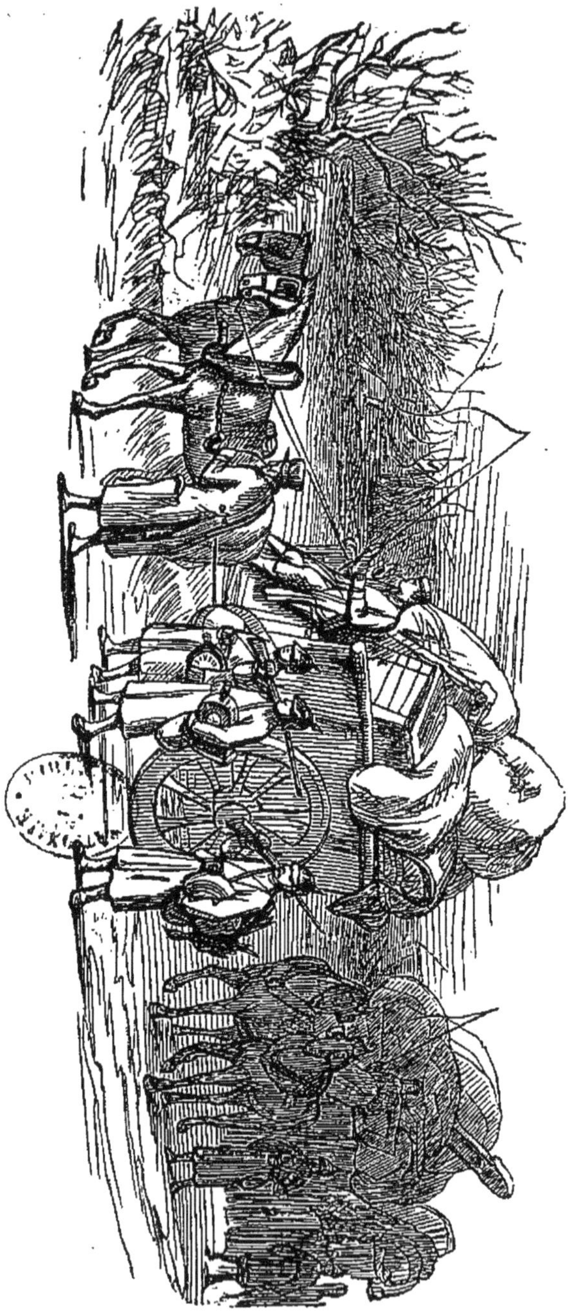

www.ingramcontent.com/pod-product-compliance
Ingram Content Group UK Ltd.
Pitfield, Milton Keynes, MK11 3LW, UK
UKHW031921260826
14628UKWH00003B/1334

9 782012 468108